JN438354

■ 제13회 문학세계문학상 시 부문 본상 수상작 ■

파도 소리 줍는 연인

사람살이 하루 일상이
석양에 저무는 바다에
은빛 파도 백사장에 부서지면

흩어진 파도 소리
모래밭에 조개껍질처럼 뒹굴면

파도 소리 줍느라
노을빛에 물든 연인

내 그리움처럼
황홀하게 마음 부시다

내 안의 나를 찾아

신 영 철 제2시집

제13회 문학세계문학상 수상 기념 시집

모든 것은 나도 모르게 내 안에 있다

도서출판 천우

● 자서(自序)

나는 내 안의 나를 찾아 많은 길을 걸어왔다.

소년 시절에는 농촌 품팔이로 꿈을 잃어버린 슬픈 내 안의 나를 찾아 울었고, 중년에는 건설 현장에서 중노동으로 내 안의 나를 찾아 헤매었다. 노년에는 내 안의 나를 찾아 어렴풋이 시를 쓰다가 알쏭달쏭 시를 쓰다가 돌배기 걸음으로 길을 나서다 보니 하늘에 별처럼 바라만 보던 시인이 되어 시 속에서 아름다운 생을 배우고 시로 아름다운 생을 살아갈 수 있는 기회를 얻었다.

내 안의 나를 찾아 시집을 내면서 부끄러운 마음으로 독자들에게 한 문단이라도 아름답게 기억되기를 간절히 소망해 본다.

2016년 9월

내 안의 나를 찾아

모든 것은 다 내 안에 있다.

내 안의 나를 찾아 시련의 아픔, 괴로움의 굴욕, 배신의 분노, 외로움과 고독을 탈피하여 즐거운 사랑과 행복으로 살아갈 수 있는 것들이 내 안에 잠재되어 있다. 그 모든 것을 발굴하여 내가 나를 아름답게 살아갈 수 있는 지혜로운 삶을 꽃피게 해야 한다. 나는 그것을 문학으로 선택했다. 내가 나를 포기하면 내 안에 잠재되어 있는 내 능력과 소질은 잠들고 만다. 하지만 포기하지 않고 계속 좋은 생각으로 연습하면 나의 능력과 소질은 꽃이 피고 문학의 예술은 빛나는 내 삶을 만들어 줄 것이다.

살다 보면 내가 모르는 나의 능력이 내 안에서 발견된다. 시를 쓰다 보면 나도 모르는 불청객 시문들이 갑자기 가슴을 열고 들어와 쿵당쿵당 설레

게 할 때가 있다. 나는 캄캄한 갱 굴속에서 보석을 캐듯 시어를 찾아 헤맨다. 내 안에는 나도 모르는 언어의 보석들이 무수히 감추어져 있고, 노력하면 숙달과 터득 · 깨달음으로 내 안에 감추어진 보석을 발견하게 된다.

내가 시인이 될 줄은 꿈에도 몰랐다. 그러나 그 본질은 내 안에 있었다. 그것을 모르고 살다가 이제 발견하게 되어 나는 시인이 되고 내 안의 나를 찾아 시로 상상의 나래를 펴고 아름다운 세상 속을 날며 아름다운 나를 만들어 가고 있다.

인생은 한 치 앞도 모르는 미래다. 그리고 시인은 내 안의 나를 찾아 아름다운 세상 속으로 가는 미래의 영혼이다.

* 내 안의 나를 찾아 살아온 비밀을 세상에 고백합니다.

제1부

봄바람이 마중을 왔네

제2부

동심이 그리운 여름밤

제3부

차마 바람도 지나지 않네

제4부

외로움이든 고독이든

제5부

파란 바람이 분다

제1부

봄바람이 마중을 왔네

봄바람이 마중을 왔네

바람이 봄 마중을 가네
경칩이 울음소리에 동잠 깨어
새싹 내음 소곤대는 길로
휘파람 소리 날리며
바람이 봄 마중을 가네

따스한 햇살이
목련꽃 몽우리 보듬고 있는
고풍한 뒤뜰에도
바람이 봄 마중을 왔네

순천향대 밤 벚꽃

순천향대 교정에 4월이 오면
벚꽃이 만든 천연 터널의 밤

터널 속으로
은하수 별빛이 와 머물면
지나가던 시간도 머물고
바람도 머물고
낮에 하늘을 떠돌던 흰 구름도 와 머무네

오고 가는
나들이객 시선이
신비의 마술에 취하고
죽여주는 꽃 내음은
가슴으로 넘나들면
아~ 탄성이 머무는 풍경
스마트폰 셔터 소리에 잡히네

꽃비가 내리네
꽃눈이 내리네

은하수 별빛이 쏟아지네
꽃바람이 부네

꽃이 피네
꽃이 지네

순대 교정에
밤 벚꽃이 피고 지네

* 순천향대 밤 벚꽃은 꼭 봐야 한다.

일전에 이사 온 봄

수일 전에 이사 온 봄이
자고 일어난 아침

꽃샘추위 텃세가 매섭다

햇빛은 차갑게 낯설고
잔설에 이는 바람은 인정없이 쌀쌀맞다

그래도 어쩌랴
산골 다랭이논에는
경칩이가 울고
뒤뜰에는 목련꽃 몽우리 벙글어 가는데

우리 집 베란다

겨우내 춥고 외롭던
우리 집 베란다에
찾아온 봄볕이
화분하고 정답게
사랑을 속삭이고 있다

햇볕과 화분이
금슬 좋은 부부처럼
봄내 사랑을 하면

우리 집 베란다에는
웃음꽃이
하늘만큼 땅만큼 만발하겠다

목련 꽃을 피우는 것들

눈 녹은 뒤뜰에
봄비는 찾아와
목련 나무에 뻔질나게
물을 주더니

봄볕은 해종일 꽃 몽우리만 품는다

봄바람은
빨리 피라고
꽃 몽우리 가지 잡고
성급하게 흔들어 대고

봄 새는 가지에 앉아
아침부터 짹짹대며 재촉하더라

꽃은 잠시 피었다 질 텐데

첫 봄비

첫 봄비 오는 날
아파트 창 너머로
엊그제
입춘이 불러온 설 명절이
자가용 타고 다녀간
겨울과 봄 틈 사이
설화산이 비에 젖는다
아직 추울 텐데 가여워서 어쩌나

쉬이
진달래꽃 만발해 놓고
아지랑이 손짓하면

산새 소리 다녀가고
꽃바람 향기 놀다 갈 텐데

산나리꽃 사연

뻐꾸기 소리는
산나리꽃이 피었다고
뒷산에서 소리소리 아우성인데
그 소리 아무도 몰라

산나리꽃은 하도 예뻐
뻐꾸기 소리에
성희롱당할까 봐
파리똥 낀 얼굴 세수도 안 해
덕지덕지 주근깨가 되었는데도
그 사연 아무도 몰라

아는 사람은
거짓말쟁이 시인 한 사람뿐

깊은 산속 봄이 왔다 가지요

봄이 오면

깊은 산속에는 산새가 울지요
아무도 없이 혼자 울지요

산속에는 꽃이 피지요
나도 없이 혼자 꽃이 피지요

산속에는
바람 소리 물소리
혼자 노래하지요

깊은 산속에는
아무도 없이
봄이 왔다 그냥 가지요

이름 모를 산유화

이름 모를
당신이 하도 예뻐서
바라만 보다가

당신에 예쁜 얼굴을 남몰래
내 가슴속에 심었습니다

당신의 고운 몸짓을 허락 없이
내 가슴속에 사랑으로 싹틔웠습니다

당신의 죽여주는 눈웃음을 살며시
내 가슴속에 행복으로 담았습니다

어느 날
당신이 놓고 간 이별이 서러워서
내 가슴속에 그리움을
예쁜 꽃병 만들어
내 침실 창가에
당신의 웃음으로 놓아두고

내 심장 녹아드는

그 웃음을

못 견디게 미치도록 사랑합니다

봄이 오네 봄이 가네

— 공주시 유구읍 덕곡리

봄은 내 고향
동심의 나라로 온다

동잠 자던 기억이
잠 깬 옛이야기로

덕곡리 양짓말 뒷산에
진달래꽃이 피면
용천 배기가 사람 잡아먹는다는
떠돌이 소문에
머리끝 쭈뼛쭈뼛 세우며
다람쥐 굴 캐러 다니던 시절
찔레 순 셩 꺾어먹고 삘기 뽑아 먹던
순박했던 나무꾼 소년의
지게 작대기 장단에
꾀꼬리 소리 흉내 내던
휘파람 소리

그때
가재 잡아 철엽하던 친구들
중쾌 흥덕이 부뜰이 증수…

제기 차고 딱지 치고
자치기 놀이하며 부르던 이름
다시 부르고 싶은 다정했던 이름들

어데 갔나
다~아 어데 갔나

부질없는 그리움으로
봄이 오네
봄이 가네

* 옛날에는 봄이면 마을로 다람쥐 장사, 산짐승 가죽 장사가 다녔다.

연꽃 바람

— 신정호

신정호에
연꽃 보러 왔다가
연꽃 향기 한입 물고 가는 바람이
내 콧등 스치고 지나가면

내 가슴에
아주 연하게
붉게 희게 물들여 놓고 가는 바람

주홍빛 사랑 능소화

6월에 푸른 꿈으로
올곧은 나무를 낭군님처럼
얼싸안고
사랑으로 감고 감아
천국을 가는 꿈 하늘로 오르다가

남몰래 감추었던 주홍빛 연정
7월의 뜨거운 열정으로
피어 있는 주홍빛 능소화

낭군님을 너무너무 사랑하다가
뜨거운 사랑의 열병으로
풀잎 위에 몸져누운
떨어진 능소화 꽃잎

바람보다 더 너를 사랑하리라

너는 태어날 때부터
이름도 없이
천하디천한 잡풀로 자라서
네 자존심 행세하고 싶어

예쁜 꽃 피워놓고
지나가던 바람을 부르면
바람이 아름다운 꽃이라고
웃어주고 안아줄 때

너의 소망은
아낌없이 다 하였느냐

그래도 아니면
기다려라
내가 외로운 가슴으로
너를 찾아갈 때까지

그때는
내가
바람보다 더
너를 사랑하리라

떠나가는 꽃의 영혼

가로수 길에
벚꽃잎이 함박눈처럼 날립니다

가로수 길에
꽃잎이 눈처럼 하얗게 쌓입니다

꽃향기가
꽃의 영혼처럼
하얀 눈길로
눈물겹도록 떠나갑니다

제2부

동심이 그리운 여름밤

햇빛이 만든 해바라기 꽃

햇빛이
봄~여름내
날마다 울 밑으로 찾아와
해바라기를 보듬고
나 닮아라 나 닮아라
주문을 외는가 싶더니

해를 닮은
해바라기 꽃은 피어
해를 얼마나 사모하길래
날이면 날마다 해 종일
목 빠지게 해만 바라보다가
목이 빠져 고개 숙었네

수다스러운 물소리

골골이 모인 수다들이
개울물 바라보는 수풀들에게
제가 하늘보다 더 맑다고
수다를 떤다

자존심 상한 하늘이
내려다보고
그래 어디 한번 대보자고
물속에 같이 누워 보니

개울물은 하늘에 안 비치고
하늘은 개울물에 비친다고
개울물이 더 맑다고
또 수다를 떤다

싸움 구경을 하며
날던 새가
물을 찍어 하늘을 마셔보고
제 목소리가 더 맑다고
어깃장을 놓는다

*새는 물을 마실 때 부리로 물을 찍어 하늘을 바라보며 마신다.

선착장 사람들

하루 일상이 저무는 부두에
아스라이 수평선에서부터
내 눈시울 안에 젖어드는 풍경

하늘과 바다 사이
쌍 노을빛 밟고 다가서는
그리움 같은 저녁노을

오늘도
인정머리 없는 고달픈 삶을
일편단심 바라보다가
허기져 떠난 사랑

가시거리 정박 중인 섬에서
올 듯 올 듯
쉬이 돌아오지 않는다

선착장 사람들

새벽 별과 달

새벽 별이
지상에서 별을 보는 사람들과
그리움을 소곤대다가
밤의 이별이 아쉬워서
머뭇머뭇 눈물을 훔친다

새벽 그믐달은
날개가 아프도록 밤새워 헤맨
엄마 찾는
길 잃은 기러기

차마
볼 수가 없어
서산 고갯길 넘다 말고
지그시 눈을 감는다

동심이 그리운 여름밤

동심의 여름밤은
초가집 마당 가에
올망졸망 재잘대던 수다에 고단한
채송화 꽃이 잠들고

봉선화 꽃은
해종일 분홍빛 곱게 피어
누이 손톱에 예쁜 마음 절규하고

낮에 잠든 별빛을 깨우려고
밤에만 피어나는 기상나팔 분꽃은
노란 나팔 분홍 나팔 소리
꽃술로 퍼져 시늉하는 밤

멍석 위에 누워
수많은 별빛이 내 꿈이 되어
내 가슴으로 쏟아지면
내 마음은 별이 되고 싶어

개똥불*처럼 둥둥 떠다니며
별빛을 흉내 내던 밤

시대 발전만 먹고살아 배부른 도시에는
삭막한 가로등 불빛에 별빛도 늙고
내 꿈도 늙고

택시 빈 차들이 졸고 있는 사거리
자판기 커피 한잔 들고
플라스틱 의자에 앉은 옛 동심을
발기발기 찢고 가는
자동차 경적 소리

* 개똥불 : 반딧불.
* 시내 복판 상가건물 삼 층 살림집이 너무 더워 잠 못 드는 밤.

7월이 가기 전에

어느새 벌써 7월이
몽당연필로 고속도로 달린다고
가슴 쓸어내리지 말고
아주 짧은 순간에
피었다 지는 들꽃들을 보러 가자

여기저기 지천으로
들꽃들의 고운 웃음이 아우성인데

7월에는
들길에 서서 세상 걱정 내려놓고
꽃처럼 웃어 보자

작열하는 태양 아래
웃음으로 절규하는 간절한 들꽃 사랑
정열의 가슴으로 안아보자

실바람에
찡긋찡긋 꽃들의 눈 윙크도
살짝궁
애끓는 연정으로 담아보자
7월이 가기 전에

해변에 가면

해변에 가면
바다는
하늘에 뭉게구름을 삼키느라
넘실거리고

밀려오는 파도는
해수욕장에서
피서객처럼 뒹굴면

바다는
삼켰던 뭉게구름을
백사장에 하얗게 토해 놓는다

애기 별

해 뜰 무렵
옹기종기 모여 앉은 풀잎 위에
까만 밤이 분만해 놓은 이슬이
아침 해를 먹고
반짝 애기 별이 되었네

여름 바다에 가면

여름 바다에 가면
바다 닮은 넓은 하늘이 있다

새털구름 잔잔한 물결이 있고
갯바위에 부서지는 파도와
백사장으로 밀려오는 뭉게구름 파도가 있다
여기저기 조각구름 하얀 섬들도 있고
소나기구름 시커먼 갯바위도 있다
갈매기는 하늘과 바다 사이에서
날개가 아프도록
해종일 앓는 소리로 날면
바다 멀리 수평선에는
하늘과 바다가 만나
누군가의
그리움을 만든다

바다와 하늘에
마음 부시도록 쌍 노을 지면
하늘길 가던 해 나그네
바다 위에 여장을 풀고
노을빛 깔고 눕는다

갈매기의 유배지

바다의 외로움이
섬으로 앉아 있는
이름 없는 무인도에는
아무도 오지 않는다

갯마을에서 바람피우다 쫓겨난
홀아비 갈매기들이 모여 사는 유배지
바람에 밀려오는 은빛 파도 소리는
섬이 좋아 못 떠나고
용두레질로 허송세월만 퍼 올리고 있다

어쩌다 지나가는 통통배의 눈짓이
누군가의 파란 그리움처럼
외로운 풍경으로 앉아
가시거리
눈시울 안으로
외롭게 드나들고 있다

초승달님 만나러

초승달님 만나러
해종일 하늘 강 건너온 해님이
노을 강 나루에 내리면
마중 나온 초승달님 실눈 웃음에
해님이 밤새도록 사랑에 빠져
내일 아침 안 돌아오면 어쩌나

갈매기가 물어 나른 별

낮에는
바람이 지나간 파도 발자국 위에
햇빛이 만든
바다에 낮별을 주우러
갈매기는 바다 위에 하늘을
하루 종일 날았다

밤에는
별빛을 만들던
하루살이 해가
노을 바다에 빠져 죽었다고
낮에 갈매기가 물어 나른 별들은
어둠 속 밤하늘에서
밤새도록 흐느껴 울었다

* 바다를 바라보고 있노라면 일렁이는 파도에 햇빛이 반사되어 수많은 별들이 반짝인다.

파도가 만든 이야기

밤새도록
파도가 만든 이야기들이
백사장에 억겁의 모래알로 누워
아침 햇살에 잠들면

갈매기는
아침 물 노을빛을
백사장으로 물어 나르느라
바쁜 시늉하고

바다에서 밤잠 자고 일어난 섬 하나
육지로 돌아오나 싶어
눈 빠지게 바라봐도 오지 않는다

시선 거리
육지에서 가까운 줄 알았는데
아마도
수만 리 먼
바닷길인가 보다
쉬이 못 오는 것을 보니

무인도

바다에는
무인도가 살고
무인도에는
방랑 뭉게구름이 왔다 간다

무인도에는
번뇌 망상 해탈된
고독한 외로움도 모르는
무심한 우두커니
까만 갯바위가
하얀 파도 소리만 먹고 산다

아침이면 눈부신 햇살이
물빛 위에 그렁지고
저녁이면 노을빛이
여장을 푼다
밤이면 바다를 떠돌던
바람 나그네 고단한 잠이 들고

너무 외롭다고
육지로 떠난 갈매기는
아직도 돌아오지 않는다

알밤 같은 손주들

베란다에 앉아
창틀에 기대앉은 가을볕을
지나가는 색바람으로 엮어서
나들목
밤 나뭇가지에
밤송이로 걸어두고
추석 명절을 기다렸다

알밤이 툭툭 떨어지면
알밤 같은 손주들이
때굴때굴 굴러 오기를 기다렸다

고추잠자리 맴맴 도네

여름 장마풍이 지나간 자리
혼란스럽게 흔들리던
풀잎들이 제정신을 차리고

쑥덕공론으로
언제쯤 꽃을 피울까로 내린 결론은

색바람 곱게 불어오면
그때
코스모스 꽃 빨강 노랑 하얀색으로
마음껏 피워 놓고

꽃향기 먹은 가을 노래
파란 하늘에
색바람으로 흩어 놓으면

고추 먹고 빨개진
고추잠자리 날아와
꽃향기 먹고 맴맴 도네

강물 위에 종이배처럼 떠 간다

여름 강물이
굽이굽이 흐르던
강둑에
봄꽃을 피우던
벚꽃 나무가
가을로 서 있다

한해로 늙은
단풍진 벚나무가
강물 따라가는 여름을 보내느라
이별이 서러워서
뚝뚝 떨어진 붉은 눈물이
강물 위에 종이배처럼 떠 간다

제3부

차마 바람도 지나지 않네

정겨운 빗소리

정겨운 빗소리
멀리 떠나갔던 추억이
돌아와 옆에 앉는다

빗소리 같은 정겨운
벗 하나 그리웠는데
도란도란 동석하는 정
가슴 깊이 그리움에 젖고 젖는다

그립고 싶은 날
사랑하고 싶어서
커피 향에 취한 설렘도
젖고 젖는다

먼 옛날 떠나갔던 슬픈 이별
돌아와 눈시울에 젖으면

베란다 난간대에는
방울방울 눈물방울이
하염없이 뚝뚝 떨어진다

바람은 요술쟁이

바람은 계절을 타고
떠돌아다니는
곡마단 요술쟁이

황진이 혼령이
사뿐사뿐 학춤 추는
봄바람 춤사위였다가

쓰나미처럼 몰려가는
여름 폭풍이었다가

낮도깨비
빵빵이 블루스 춤추는
회오리 가을바람이었다가

떼 귀신들이 몰려가는
밤 귀신들의
휘파람 소리 겨울바람이었다가

바람은
도깨비 귀신처럼
보이지 않는
천방지축 미치광이 요술쟁이

아침 이슬

눈 비비고 일어나
산책 길 걸어가면

푸른 꿈 꾸다가
새벽잠 깬 풀잎 끝에

아침 햇살이 반짝 빛나는
이슬방울은

순박하고 청아한

꿈 많은 아이의
해맑은 눈동자

차마 바람도 지나지 않네

떠나는 계절이
슬픔이듯
내리는 늦가을 비
잔엽에 매달린 슬픈 눈물방울 하나

차마
바람도 지나지 않네

빈 가슴 채우러 님 오시려나

풀 향기 서성이는
아침 산책길에
바람이 내 가슴을 더듬으면
옛 고향에서 울던
뻐꾹새 소리 들려온다

문득 그리운 사람들
목마른 산새 물을 찍어 하늘을 마시듯
나도 몰래
그리움을 찍어 허공을 마시면
공허로 뻥 뚫린 가슴으로
외로움만 지나가고

풀잎마다 맺힌 이슬방울은
영롱한 해를 삼키는 아침
아~
오늘은
빈 가슴 채우러
님 오시려나

선운사 감나무

동지섣달 눈보라에도
옹고집으로 매달려 있는 빨간 자존심

선운사 절 마당에
파란 가을 하늘만 올려다보다가
주인 잃은 홍시
매서운 칼바람에
떨고 있는 붉은 가슴

보릿고개 넘어온
배부른 세상이
풍월만 하다 가는 서러움에

까치조차
풍월만 읊다 간다

* 늦게까지 감나무에 매달린 감을 까치밥이라 한다.

빨간 자존심

감나무에
가을이 빨갛게 익어간다

잎새들은
열매를 빨갛게 익혀놓고
푸른 꿈을 먹던
슬픈 영혼이
아쉬운 그리움을 타고 떨어진다

벌거벗은 가지에 매달린 열매는
한 점 부끄러움 없이
파란 하늘에
속살 다 드러내놓는다

빨간 자존심

다람쥐 왔다 가는 길목

다람쥐 왔다 가는 길목
사철 푸른
노송 향기 머무는 산사에

풍경 소리 바람에 울고
49제 불경 소리에
님을 보낸 보살이 울면

산새 소리 와 울다 가고
물소리 바람 소리 와
보낸 님의 슬픈 노래처럼
맴돌다 가네

못 견디게 바스락거린다

새소리 살다 간
도시 미니공원에
가을이 찾아와
우두커니 앉아 있고

햇볕은 낙엽을 널어 말리느라
바쁜 한나절

심심한 바람이
이리저리 뒤적거리면

낙엽은
못 견디게 바스락거린다

하염없이 슬퍼지도록

오늘 만난
들꽃 하나에도
내일 다시 만나고 싶은
그리움을 두고 살자

저리도 아름다운
고운 웃음 내 님이시듯
내일 다시 만나고 싶은 꿈으로
조금은 설렐 수 있다면
내가 살아 있어
오늘이 행복한 시간으로 즐거워하며 살자

그 꽃이 지면
하염없이 슬퍼지도록

가을이 떠나간 이별은

가을이 떠나간 이별은
그리도 슬펐던가

어제 아침부터 울던 비가
지난밤까지 못 다 울은 비가
울다 지쳐 입맛도 없나 보다
아침밥도 안 먹고 우는 것을 보니

네 설운 눈물
달래 줄 이도 없나 보다
또 하루가 저무는데
아직도 흐느껴 우는 것을 보니

추억을 마시는 아침

눈이 내릴 것 같은 휴일 아침
축제를 준비하듯
커피 물을 끓인다

창 너머로 함박눈이
한 송이 두 송이 송이송이 팡팡 내리면

그리움은
어데로 떠날까
멀리멀리 아주 멀리

사춘기 시절
이웃집 처녀 예쁜 얼굴
초가삼간 화롯불에
고구마 익는 내음처럼 그립다

그리움으로 행복해질 때까지

고달픈 사람살이
외로워지거든
예쁜 꽃을 만나러 들길을 가자

들꽃들이 반갑다고 활짝 웃어주면
나도 빙그레 웃어주자

꽃이 웃고 내가 웃다가 정이 들면
우리는 내일을 서로 그리워하자

예쁜 매력에 포로가 되어
죽도록 사랑을 하자

그 꽃이 질 때면
하염없이 슬퍼지도록

그 겨울이 오면
못 견디게 그리워지도록

고달픈 삶이 그리움으로 행복해질 때까지

앵앵 울더라

동지섣달 긴긴밤

손발 시리다고
창문 사이로 몰래 숨어 들어오던 바람
차가운 표정이 얄미워
내쫓았더니
사나운 한파에 쫓기다가

뒤뜰 탱자나무
날카로운 가시에 걸려
아프다고 생떼 쓰며
밤새도록 앵앵 울더라

소낙비가 지나가고 나면

지나가는
소낙비 삼 형제가
고무 다라에만 내려
고무 다라를 채우더니
온데간데없이 사라지고

소낙비를 피해 숨었던 해가
어디 숨었나 했더니
고무 다라 속에 숨어 있었네

우리 집 뜨락에는
고무 다라에다
숨었던 해를 물고기처럼 기르네

해는 내가 들여다볼 때만
물고기처럼 거기서 산다고 했더니
지나가던 가을이 들여다보고
파란 하늘도 거기 있다고
야단법석 호들갑을 떠네

제4부

외로움이든 고독이든

돈을 하느님처럼 믿고 산다

내 주위에 한 사람이
아름다운 세상을 돈에 유린 당해
눈이 멀고 마음도 멀었다

눈이 멀어 아름다운 세상을 볼 줄도 모르고
마음이 멀어 아름다운 세상을 느낄 줄도 모른다

오직
돈을 하느님처럼 믿고
돈에 대한 세력으로 독재자처럼 살려 한다

남보다 잘 산다기에

남보다 잘 산다기에
새벽 시장 귀퉁이
불이 하나둘씩 켜지는 새벽

아직도 어둠이 코 고는 캄캄한 골목에는
일출이 다가오는 진줏빛 하늘 끝 맴도는
해장국 끓는 냄새 진동하면
눈치 빠른 시장기가
하나둘 버릇처럼 모여든다
하루 시작의 꿈
가장 즐거운 시간 해장술 한 잔의 행복
하루가 힘들어도 그래서 사는지 모른다

남보다 잘 산다기에
돈 버는 버르장이 아집으로
자유를 자기 스스로 지배당하는 집착으로
마음이 시끌벅적
발걸음이 왔다 갔다 떠들썩
고단한 노래들이

휴식도 없고
휴일도 없다

남보다 잘 산다기에
왜 그렇게 살아야 하는지도 모르면서
놀고먹고 사는 날 건달 흉보면서 살았다

실에 묶여진 연이 푸른 하늘을 잘 날듯
어렴풋이
자유를 돈 버는 아집으로 묶여진 일상이
남보다 잘 사는 것 같아

그렇게
힘들게 사는 게 남보다 잘 사는 건지
나이 먹어
직장을 잃고 할 일 없어 따분할 때
그때서야 알았네

또 설날인 것을

세상살이
몸 아프고 마음 아픈 게
어디 나뿐이더냐

비 오고 눈 오는 날이
어디 하루 이틀이더냐

살다 보면
좋은 날도 궂은 날도
세월인 것을

꽃이 피고 새가 울다
낙엽이 지고 바람이 불다
세월이 가고 나이 먹어 늙어지고

아~
또 설날인 것을

사는 게 다 그런 거지 뭐

사는 게 다 그런 거지 뭐
세상 근심 걱정 따분해도
봄은 오고 꽃은 피다 지더라

기다리는 님은 아니 와도
봄은 반갑다고 왔다가
섭섭하게 가더라

바람의 손으로 푸른 가지 흔들며
잘 있으라 손짓하며
그냥 무정히 다녀가더라

사는 게 별거더냐
작년 봄처럼
허망한 가슴에다
허허로움만 채워 놓고 가는 세월

사는 게 다 그런 거지 뭐

또 하루가 저무네

더도 말고
사람 살이가
아침 해장국 맛이라면
참 좋겠다

덜도 말고
오늘 하루가
해장술 한 잔의 기분이라면
더도 덜도 말고 할 텐데

하루를 잃어버린 노을녘에서
노을 빛이 미완성 그림이듯

미완성인 내 일상이
길들여진 길로
오늘도
행복을 연습하다 또 하루가 저무네

칠십 평생을 살고도 아쉬운

또 하루가 저무네

외로움이든 고독이든

가문 날에
풀잎에 목마름처럼
내 그리움이 목마르게
싱숭맹숭* 따분할 때는
차라리
난 풀잎이 아니어도
비라도 내리거라

허긴
너도 내게 찾아오는 친구
그게 외로움이든
고독이든

* 싱숭맹숭 : 싱숭생숭 맹숭맹숭 두 단어를 같이 쓰고 싶어서.

노병에 걸려 우네

저 산 너머에는
언제나 쉼 없이 바람이 불고
바람 따라 세월이 가네

저 산 너머에는
세월을 두드리는
산사의 목탁 소리에
풍경 소리 서럽게 울고

노송에 스치는 바람 소리
법당으로 찾아들어
아직도
다시 사는 법을 못 깨달은
수도승의 가슴을 더듬으면

수도승의 무심한 가슴도
노병에 걸려 우네

내가 사는 이유에 대하여

내가 사는 이유에 대하여
보잘것없는 삶이 싫증 나더라도
혹여
남은 미련 때문에
어리석음으로 살아가는 까닭이다

때로는
몸과 마음이 아프지만 않아도
내가 살아 있어도 좋은 이유다

내가 사는 존재의 결론은
내가 살아가며 돌아올 결론도 모르면서
살아간다는 까닭이다

행복 한 술

살아가는 일이
길가에 집 짓기
보릿고개 밥 짓기라서

바보의 너털웃음으로나
행복 한 술 구걸하여
허기를 채우다가
배부른 번뇌 망상 무겁게 짊어지고
허겁지겁 재 넘어 뜬구름 잡으러 가다가

바람의 손을 잡고
세월 따라
행복 찾아 복권 사러 가다가

냉수 먹고 속 차리고 뒤돌아보니
글쎄
뒤따라오던 행복이
헐레벌떡 나를 부르네

무생지

누군가에게
내 마음 베풀어서
상대가 즐거워하면
내 마음이 즐거워지는 하루를 살았습니다
내일도 모레도 그 마음 지워지지 않게
소중히 간직하며 살겠습니다

무생지
구름을 비운 하늘은
맑고 푸르게
참 아름답습니다

무루지
번뇌 망상을 비운 내 가슴은
맑고 푸른 무루지 가는 길

소유당하고 살았다

이성을 소유하려다
소유당하고 살았다
간섭하려다
간섭당하고 살았다
나는 반평생을 남의 세상에서
내 존재 없는
남의 시간 속에 묶여
그게 사랑인 줄 알고 살았다

믿고 살다가
속고 산 어리석은 바보가 되었다
딴 사람들은 다 아는데
나만 모르는 노련한 선수였다

우울증이 죽음으로 역습해 왔다
견딜 수가 없어 죽고 싶었다
날마다 24시간 동안
딴생각을 할 수도
잠을 잘 수도 없었다
인간 노무현이가 죽기 전에 한 말
아무것도 할 수가 없다는 마음 같았다

사람들은 병에 걸려서만 죽는 게 아니고
어떤 괴로움이 극치와 절정의 한계에 도달하면
참을 수 없는 자살 병에 걸려 죽는가 보다

내 것을 소유하고 간섭하려던 욕망 때문에
창피하고 부끄러워 살 수가 없었다
그래서 홀딱 벗었다
홀딱 벗고 5년을
비우고 버리는 연습으로
이를 깨물고 버티며 살다 보니
부끄럽지도 창피하지도 않는
한집에서 따로 사는
숙달된 바보쟁이가 되었다

아~
이제 내 것이 아니다
그러니까 버리자
지우고 버리는 데 5년이 걸렸다

이제는 오늘이 내 세상이고
내일이 내 시간으로 남아 있다
그것이 외로움이든 고독이든…

그것은 결혼 합방으로 자기 존재 없는
압박과 설움에서 해방된 자유이다
이기적인 자존심에서
해방된 해방둥이다

나는 내 평생
제일 잘못한 게 결혼이고
제일 잘한 게 여자를 마음속에서 버린 일이다
나는 여자를 믿지 않는다
여자란 마음속에서만 아름다운 존재다
소유하려고 하면 불행해질 수도 있다

꽁꽁 얼어붙었던 겨울이 가고
봄이 오는데
내 가슴에는 무슨 꽃이 피려나

모진 시련 참아 내는데
대화할 사람이 없어서
쓸 줄 모르는 시와 같이 살다 보니
봄이 오고 꽃은 피었다
시인이란 이름의 꽃

나는 여자를 버리고 시와 결혼해서
부부처럼 사랑하며 같이 산다

모진 시련으로 늙은
시와 같이 사는 노후가
외로움과 고독쯤이야
방 한쪽에 그냥 모셔두고
그런대로 심신이 안녕해서
고맙고 행복하다

사랑은
가문 날에 비처럼 그립지만…

시내버스 종점 산골 동네

여름과 가을이 승강하는
시내버스 종점인 산골 동네

아람 벌린 밤송이
가을바람이 흔들고 지나가면
툭툭 알밤 떨어지는 소리
때굴때굴 굴러가고
조잘조잘 풋대추 가지 힘겨워 늘어지면
감나무에 감이
까치밥 홍시가 되기도 전
까치는 성급하게 깍깍거리네

은행나무 거리
노란 은행잎 지천으로 바닥에 깔리고
툭툭 떨어지는 은행 알
향기롭지 못한 내음 풍기면
풀씨 줍던 비둘기
못마땅한 목소리로
국국거리네

그러다가 그러다가
가을과 겨울이 승강을 하면
가을은 시내버스 타고
산골 동네를 떠나 어데로 갈까

시내 종점으로 가면
나무도 열매도 새소리도 없는
콘크리트 건물뿐인데
삭막해서 어떻게 사나

허긴
산골 종점에 그냥 있어도
겨울은 삭막해서
이리도 저리도 가을은 갈 곳이 없네

즐거운 마음을 연습하며 살자

새벽 동산에
진줏빛 동이 터 오면
잠자는 세상에
아침 햇살이 진줏빛 부챗살을 펼친다

어젯밤 길몽으로
진줏빛 아름다운
오늘 하루 시작의 부푼 설렘

아~
사랑이 행복이 손짓한다

온 세상이 어젯밤 꿈으로
정화된 심신이
화려하게 깨어난다

살아 있는 오늘은
온 세상이 내 것이다

잡초라 했는데

보잘것없어
잡초라 했는데
꽃이 필 때 그리도 아름다운
신비스런 너의 예쁜 매력

꽃이 질 때
슬프도록 아쉬운 이별
참 곱기도 하더니

눈 쌓인 이 밤에도 그리운 너
봄이 오면 너를
잡초라 부르지 않고
내 님인 듯 사랑하리

네 정체는 무체

보이지도 않는 너는
그림자도 없고
날갯짓도 없이

갈 테면 그냥 지나가지
왜 모양새도 없이
행세하며 가느냐

강물 위를 지나가도
바다 위를 지나가도
발자국은 보이는데
물에 비친 그림자도 안 보이는 너는

봄이 오면
얌전한 새색시 나비 춤추는
걸음걸이 몸짓 춤사위였다가

찜통더위를 참지 못해 화가 나면
뇌성벽력 폭풍 몰고 와
세상을 한바탕 뒤집어엎고 가는 너는

가을이 되면
들녘에서 낮도깨비 빵빵이 블루스 춤추는
회오리바람이었다가

겨울나무에 떼 귀신들이 몰려가는
밤 귀신들의 휘파람 소리였다가

네 정체는 무체
천방지축 변덕스러운 요술쟁이

그리운 동심

개울 건너
해설피
송아지 울면

소 몰고 오던 아이
보리 밥솥 위에 감자 익어가는 내음
허기져 오면
지렁이 고무신 토방 위에 놓이고

방 안에는
올망졸망 밥상머리 아이들이
어머니 아버지 꾸지람 듣던 곳

여름이면 꽃 내음 풀 내음
창문 사이로 드나들고

초가삼간
등잔불 깜박이는
그윽한 겨울밤이 오면

고적한 산사에 풍경 소리
눈길 밟고
마실 왔다 가고
어둠 속에 길 잃은
바람 소리 찾아와
슬픈 옛이야기 책 읽는 소리에
창가에서 엉엉 울다 가던 곳

아침이면 새소리 날아와
잠을 깨우고
아침 인사 반갑다고
깔깔대는 까치 웃음소리
지금도 들리는데

소꿉친구 어린 인정은 어디 갔나
다 어디 갔나

동백꽃 몽우리

설레는 부푼 가슴
동백꽃 빨간 꽃 몽우리는

사랑을 꿈꾸는
사춘기 아가씨
봉긋해지는 젖 꽃 몽우리

내 사춘기 시절
몰래몰래 짝사랑하던
이웃집 아가씨
몰래몰래 커져가는 젖 꽃 몽우리

제5부

파란 바람이 분다

펜션의 달밤

아슴아슴 달빛 어린 산골짜기
낮에 넘나들던 찔레꽃 향기
달빛 속에 잠들면
이름 모를 풀 내음
마실 왔다 내 옆에서 잠들고
물소리는 누구와
저리도 밤을 새워 속삭이나

새벽으로 가는
밤에만 우는
부엉이 마무리 울음소리
새벽 샛별이
껌벅껌벅 삼키고

서산마루에는
시나브로 창백해져 가는
고요한 새벽 달빛은
쉬이 해님이 오실 텐데
독수공방 외로운 밤을
홀로 지새우다 가는구나

산골 마을 외딴 빈집

산골 마을
외딴 빈집에 가면
물소리 바람 소리가 이사 와 살고
같이 사는 산새 소리만 바쁘게 드나든다

방 안에는
송홧가루 누워 잠들고
토방 마루에는
묵은 낙엽이 앉아 묵상한다

어쩌다 지나가는
바람 나그네
대문 두드리는 소리 덜그렁거리면
묵상하던 낙엽이
안마당 쑥대밭 사잇길로
때굴때굴 굴러가
대문을 열어주고

혹여
집주인의 소식을 묻는다
서울 부산 어데 사는지

으스름 달밤이 오면
외로운 고독이
머리끝 쭈뼛쭈뼛 소름 돋으며
밤 귀신들과 같이 잠이 든다

우두커니 창밖을 보며

비가 펑펑 내리던 날
주룩주룩
창가에서 우는 소리
누구의 눈물인가

훌쩍훌쩍
서럽게 흐느끼는 눈물방울
유리창에 하염없이 흘러내리면
덩달아 나도 서러워져서

당신 떠나시던 날
펑펑 쏟아지던 눈물같이
주룩주룩 흐르는 눈물

훌쩍훌쩍 울어도
달래줄 사람도 없이
혼자 실컷 목놓아 울어도 되겠다

오늘같이 비 오는 날은
우두커니 창밖을 보며

책으로 인생을 두고 간 사람들

글을 쓴다는 것은 외로운 길인 줄 알면서도
그 길을 선택하여
홀로 고독과 싸우는 슬픈 길이다

최명희 씨의 혼불이나
박경리 씨의 토지나
미치도록 외로움과 고독의 병을 자아로 만들어
그 많은 세월을
쓰디쓰게 마시던 약사발이 문학관에 남아 있다

책 속에서
인생을 배우다가
책으로 인생을 두고 간 사람들

풋내기 여승

못 견디게 아픈 시련 싸서 지고
속세를 떠난 여심으로
슬픈 고독을 여미는 여승의 눈시울에
젖어드는 불경 소리

아스라이 홀로 가는
사랑 젖은 눈물 그림자 위로
해탈하려 가슴 두드리는 목탁 소리
아직 못 잊은 사랑 시주하러
속세로 내려가면

고적한 으스름 달빛 속에
밤새가 슬피 우네

풍경 소리 바람에 울고
불경 소리에 여승이 우네

모든 것은 내 안에 있다

모든 것은 내 안에 있다
내 안의 나를 찾아
아름다움을 찾아가는 길에
나의 향기가 있고
맛깔나는 브라보
축배의 와인 술잔이 있다

어제도 오늘도
내가 모르는 나로 살면서
폴폴 기분 좋은 풀 내음
향기로움 찾아
푸른 바람은 풀잎에서만 불고
푸른 향기는 내 가슴에서만 불어라
아멘

내 삶이 몽당연필로 고속도로 달린다고
독초 내음으로 가슴 쓸어내리지는 말자

누이가 좋아하던 봉숭아

초가집 싸리문 옆
붉게 피던 봉숭아는
누이가 좋아하던 꽃

손톱에
봉숭아 꽃잎처럼
예쁘게 물들이고 싶어
봄내 정성 들여 가꾸던 꽃

누이가 시집가서
거짓말처럼 늙어버린 날

남발된 매니큐어 색깔에
버림받은 봉숭아는

아무도 돌보지 않는
고향 집 앞에서
누이 손톱처럼 곱게 피더니

비가 오는 날은
누이 생각에
눈물방울이 글썽 맺혀 있구나

그리움뿐이네

내 삶이 지나가다 넘어진 자리
외로움이 밥 먹듯이 앉아 있고

살맛이 꿀맛 같은 사랑은
땟거리가 없어 배고픈
그리움뿐이네

장미 한 송이

장미꽃같이 예쁜 여인
그리워서 하도 그리워서
혹여 만날까
그 집 언저리 서성이는데

울 넘어 장미 한 송이
가까이 오지 말라고
가시 달고
주인 대신 내다보고 있네

롯데월드 타워 별빛

시대 발전만 먹고사는
잠실역에는
롯데월드 타워로
별 따러 오는 손님을
실어나르는 전철만 해종일 바쁘다

밤이 되어
전철 플랫폼에 붐비던 시선들이
높고 높은 월드 타워로 올라가면
별이 손에 닿아
장대도 없이 별을 딴다

그래서
롯데월드 타워 안에는
밤마다 아름다운 별빛이 가득하다

파란 바람이 분다

비 오는 날은
아파트 창 너머에서
설화산이 무릎 꿇고
운무를 하늘로 펴 올리면

멈췄던 비가 다시 내리고
설화산은 비 속에 숨는다

비 오는 날은
비에 젖은 설화산 풍경들이
창가 은행나무 잎 사이로
보이다 말다
비 속에 숨어버리면

은행나무 가지에서만
파란 바람이 분다

남원의 서도역

서도역에는
대합실은 있는데
열차를 기다리는 손님은 없다

철길은 있는데
열차는 여태껏 오지 않고
시간표는 걸려 있는데
기차는 오리무중 연착 중이다

아무도 없는 대합실 벽에는
혼불이 남긴 벙어리 낙서들이
지나간 세월만 읽고 있다

바람만 심심하게 왔다 가는 정거장에는
무성한 잡초들이
오지 않는 기차가 그리워서
기찻길을 목 빠지게 바라보다가
철길 위에 귀 데이고
기적 소리 기다리다가

맥 빠지게 지쳐
실바람에도 흔들리는데

지나간 세월을 주우러 온 사람들은
먼 옛날이야기를
카메라에 주워 담느라 바쁘다
뭐 하려고

모두 다
왔다 가는 바람 같은 혼불인 것을

역으로 오고 가며 오르고 내리던
혼불이 빠져나간 서도역은
기차는 아니 오고
세월을 데리고 가는 바람만 분다

섬진강의 노래

아침이면
새벽잠 깬
섬진강 물의 입김이
물안개 운무로 피어올라
골짜기마다 구름처럼 서리면

섬진강은
지리산 골골마다
나무들이 주고받은
파란 이야기들이
아리따운 산새들의
노랫소리들이
수많은 산유화들의
울긋불긋 예쁜 웃음소리들이
모이고 모여
굽이굽이 아름다운 풍경 속으로
밤낮없이 흐르면

어젯밤
동쪽 마을에서 민박하던
햇빛이 잠이 깨어
섬진강 물에 어린 아름다운 풍경에
강물이 더러워질까 봐
가만가만히 물 위에 앉아 있고
햇빛을 깨워 놓고 온 바람도
유리같이 맑은 강물에 어린
아름다운 풍경이 깨어질까 봐
까치발 딛고 살금살금
강물 위를 걸어가네

오필시사* 잔칫날

귓속으로
주설 나게 드나드는
카톡 소리 바쁜 시간

카톡으로 초대된
얼굴 없는 반가운 언어들이
나목 위에 하얀 눈처럼
소록소록 폰 창으로 쌓인다

정겨운 시심이 왔다 갔다
맛깔스런 어향이 들썩이는
오필시사 동인들이 주고받는
언어들의 잔칫날

창가로
폭죽처럼 하얀 눈이 자꾸자꾸 내린다

* 오필시사 : 월간 『문학세계』 등단(제243기) 시인으로 구성된 동인회.

행복도 아름다운 인생 예술을 만들어내는 작품이다

우리의 삶은 연습이다
운동 선수가 연습 없이 승리할 수 없듯이
공부도 살아가기 위한 연습이다
운명적인 시련도 참아내는 연습을 하면
인내력도 생기고 지혜도 생기게 마련이다

행복도 마음 안에 있다고들 하지만
연습으로 마음을 닦지 않으면 오지 않는다
세상살이는 무엇이든 연습 없이는 제대로 이루어질 수 없다

예술가들이
반복된 연습의 노력으로 아름다운 작품을 만들어 내듯이
행복도 아름다운 인생 예술을 만들어 내는 작품이다
끊임없이 연습하는 인생 예술이다

인생은 완벽도 완성도 없이 연습으로 살다 가는
노을 같은 미완성 그림이다

잠 못 드는 여름밤

여름밤 열기 때문에
창문을 열면
소란한 도시 소음들이
눈이 멀어
내 눈치도 모르고
막무가내로 방에 들어와
개판 친다
자동차 소리 경적 소리

귀먹은 벙어리 가로등 불빛은
문을 닫아도 유리창 너머로 쳐들어와
잠 못 자게 개판 친다

나가라고 소리쳐도
속 터지게 알아듣지도 못하고
전등불을 끄나 켜나
마찬가지다

창문을 닫으나 여나
짜증 나는 더위도 그게 그거고

누우나 앉으나
잠 안 오는 것도 거기서 거기다

달빛이 미워하는 가로등

하루가 달음박질로
어둠 속에 숨어버린 골목길
해종일 골목을 지키던
외눈박이 가로등이
숨었던 낮 달빛을 찾아 놓고
숨바꼭질 놀이 하고 있다

가로등은 술래가 되어
하루 종일
무궁화 꽃이 피었습니다로
열을 세다가
감았던 눈을 뜨고
달빛을 찾으면

달빛은 가로등 불빛이
너무 환해서 밉다고
구름 속에 꼭꼭 숨어
골목길에만 오지 않아
술래는 밤새도록 달빛을
찾지 못했다

* 도시의 밤 골목은 가로등 불빛 때문에 달빛의 낭만이 없다.

씨레이션 박스

권력 싸움으로 죽은 고깃덩이를
여우가 삼키려다 토해놓은 것을
사자와 호랑이가 찢어놓고 으르렁대는데
토끼가 통째로 먹겠다고 왔다 갔다 발버둥 쳐 봤자
어림도 없는 소리
야욕 많은 살쾡이 한 마리가
과대망상 착각으로 삼키려다
수백만 명의 동족이 처절한 죽음으로 죽어간
6 · 25 동란이 휴전으로 멈추고
전쟁 폐허가 남긴 굶주린 벽지 마을로
남아 있던 연합군들이 사냥을 다니며
거름 더미 위에 건빵을 뿌려놓고
그걸 하나라도 더 주워 먹으려고
우르르 덤벼드는 아이들 동영상을 찍어다가
자기네 나라에 가서
구경거리로 보던 사람들이 보내준
구호물자 씨레이션 박스에 들어 있던
납작한 캔 속에 조청같이 들어 있던
쓰디쓴 음식이 무엇인지 몰라 버리던 커피

기적 같은 세상이 돌아와
커피를 즐기는 문화인이 되어
밤이고 낮이고 커피 안 먹고 못 사는 나라
그네들의 나라처럼 닮아가고 있다

서울의 밤 아산병원

서울의 밤은
가까운 가시거리 밤 하늘이다

온통 서울에 밤이 그리운 별들이
하늘에 걸쳐놓은
롯데월드 타워 사다리 타고 내려와
밤하늘을 만들어 놓고
적막과 고독의 카페에서
서울의 밤을 마신다

아산병원 12층
병실 카페에는
내 생에 가장 쓰디쓴 커피를 마시며
시리고 아픈 눈물이었다 간다

사선을 넘나드는
허무와 허탈의 혼령들이 들썩거리는
병실 감옥에서
초주검으로 마음 졸이던
어제를 두고

극적인 탈출에 성공으로
무사히 일상으로 돌아갈 수 있는
오늘은
차분한 행복이 조심조심
징검다리를 건너간다

내 행복이 살던 마을에 가면
내가 시인이 되었을 때 타고 다니던 구름 다시 불러 타고
파도가 너울 춤추는
파란 바다 위에 찬란한 햇빛이 부서지는
낮별을 주워다가
크리스마스트리에 반짝반짝 주렁지게 달아놓고

창밖에 흰 눈이 폭죽처럼 터져 내리는 날
내 생에 가장 아름다운 밤으로
최고급 와인잔에 축배를 들자

와인의 뒷맛처럼 영원히 남아 있을
나의 행복을 위하여

신영철 시(詩) 아름다운 리리시즘 구현

— 제2시집 『내 안의 나를 찾아』 평설

石蘭史 이 수 화

(국제펜클럽 · 한국문인협회 원임부이사장, 한국문학비평가협회 회장)

신영철 시인의 시는 아름다운 리리시즘 시를 구현한다. 리리시즘시, 즉 서정시(抒情詩, Lyric) 세계를 구현한다는 것은 시인이 자기 삶의 세계와 체험을 시로 써서 나(自我)와 자연, 나와 현실(세계)과의 공존을 구현(실현)하는 것을 말한다. 시인은 이러한 자아와 현실(세계)이 하나가 될 때(동일성 성취) 지상의 온갖 갈등(번뇌)을 벗어날 수 있고, 인간의 부조리—죽음 같은 근원적인 조건을 종교로써 극복할 수도 있는 바, 우리 신영철 시인은 그의 시로써 저러한 우주(자연)와의 동일성이나 일체감(Identity)을 실현해, 그 아름다운 리리시즘시의 세계를 구현한다. 가령, 시인이 이 시집 『내 안의 나를 찾아』(2016. 10. 도서출판 천우 刊)

의 메타 텍스트로 취택하고 있는 텍스처 「모든 것은 내 안에 있다」를 보자.

모든 것은 내 안에 있다
내 안의 나를 찾아
아름다움을 찾아가는 길에
나의 향기가 있고
맛깔나는 브라보
축배의 와인 술잔이 있다

어제도 오늘도
내가 모르는 나로 살면서
폴폴 기분 좋은 풀 내음
향기로움 찾아
푸른 바람은 풀잎에서만 불고
푸른 향기는 내 가슴에서만 불어라
아멘

7월이 몽당연필로 고속도로 달린다고
독초 내음으로 가슴 쓸어내리지는 말자

—「모든 것은 내 안에 있다」 전문

예시에서 신영철 시인이 '모든 것은 내 안에 있다' 라고 단언적으로 선언할 수 있는 것은 시가 시인의 경험이 축적된 그 경험 시간만큼의 축약된 총체성의 이미지 스트럭처(Structure, 理智)를 구현하고 있어서이다. 둘째 스탠자(聯)에 신영철 시인이 염원(아멘)하고 있는 "어제도 오늘도/ 내가 모르는 나로 살면서"(2연)에는, 실로 신영철 시인의 칠십 평생(시 「또 하루가 저무네」 5연 참조) 살아온 삶(인생)의 모든 총체성의 이미저리가 사무치고 있는 것이다. 특히 시인의 〈자서(自序)〉에 소년 시절 '머슴살이' 운운한 솔직성의 담론(시인, 작가의 회고담)을 상기하면, 예시는 분명 '내 안의 나를 찾는 길'은 "아름다움을 찾아가는 길"이며 거기에는 "나의 향기가 있고/ 맛깔나는 브라보/ 축배의 와인 술잔이 있다"는 확신에 찬 자기 동일성(Identity) 찾기 리리시즘시 구현의 시정신 소산일 터이다. 신영철 시인의 이 확신에 찬 리리시즘시 포에지를 신념으로써 내(시인, 자아) 안의 참 자아를 찾아 칠십 평생 진정성의 삶을 살아오면서 신영철 시인이 '시인(Poet)'의 반열—인간적 층위를 굳이 따지자면, 인간 반열의 매우 아름다운 현현체(Manifestation)에 올라 터득하는 자아 동일성(Identity) 성취시이다.

"모든 것은 내 안에 있음"을 시인으로서 자인함(실은 칠십 평생 자기 동일성을 모색해온 시인으로서의)은 그러나 시, 즉 언어만으로는 미흡하다. 하이데거의 말대로 언어는 '존재의 집'이어서 그 존재자로서의 인간은 '자기 존재 증명'이 그리 만만치 않다. 인간은 '언어'만의 존재자가 아닌 온갖 현실적 세계에 현존재(Dasein)이므로 이성(理性)만이 아닌 감정(喜怒哀樂哀悟欲)적 존재자이기도 해 항용 시인들도 이 점에서 더욱 시인다운 아름다움의 현현체로 빛나기도 한다. 여기엔 이른바 저 엘리엇 전가의 보도인 사고(思考)와 감정의 통합된 감수성 미학의 방법 구현이 요구되곤 하는 것이다.

신영철 시의 경우,

장미꽃같이 예쁜 여인
그리워서 하도 그리워서
혹여 만날까
그 집 언저리 서성이는데

울 넘어 장미 한 송이
가까이 오지 말라고
가시 달고
주인 대신 내다보고 있네

—「장미 한 송이」 전문

예시는 서정시가 노래의 가사였다는 전통적인 리리시즘시 자질에 꼭 들어맞는 아름다운 서정의 편애성(일방적 애모심) 서정시다. 장미꽃 같은 담장 안(집) 여인이 하도 그리워서 담장 밖을 서성이는 정경(1연)은 감정이고, 어느 순간 가시 달고 있는 장미(객관적 상관물)가 접근하지 말라고 주인(남편인가) 대신 내다보고(경계하고) 있다는 종말련은 이성(理性)의 발로이다. 화자의 간절함과 현실 파악(텍스처와 스트럭처) 멀티플 이미저리가 교모히 융합된(엘리엇의 사상과 감정의 통합된 감수성) 감수성 미학의 성취다. 제2스탠자 "울 넘어 장미 한 송이/ 가까이 오지 말라고/ 가시 달고/ 주인 대신 내다보고 있네"에 내함된 교묘함은 매우 아름다운 물질시(Physical poetry)의 중층 이미지즘시일 수도 있다. 이 화자의 이미저리는 첫 연에 보이듯 저 담장 안 한 송이 장미는 화자가 그리워한 과거의 여인인데 그녀(장미)가 주인(남편) 대신 가시 달고 내다보고 있기 때문이다. 신영철 시인의 비상한 물질시(이미지즘시) 기법 소산이다. 그의 이러한 장미꽃 같은 여인(연인, 유부녀)에 대한 정념을(1연) 이성(理性)(2연)으로써 제어할 수 있는 시심(詩心)의 발로란 이른바 앰비큐이티(兩價性) 방식의 시법 소산으로 시인 스스로도 기획 밖의 보물을 얻은 듯한 아름다운 이미지즘 시 한 편일 터이다. 즉, 신영철 시의 이미지즘 기법은 우연의 산물이 아니라는 이야기다. 가령,

해변에 가면
바다는
하늘에 뭉게구름을 삼키느라
넘실거리고

밀려오는 파도는
해수욕장에서
피서객처럼 뒹굴면

바다는
삼켰던 뭉게구름을
백사장에 하얗게 토해 놓는다

—「해변에 가면」 전문

예시의 바다가 뭉게구름을 삼켰다가(1연) "바다는/ 삼켰던 뭉게구름을/ 백사장에 하얗게 토해 놓는다"(3연)는 아름다운 리리시즘 이미지는 이 시가 신영철 시인의 시각을 통과해 독자의 정서상 선적(善的) 쾌적감을 자아내 주기는 하나 그저 그 어떤 동영상의 미학으로밖엔 더 이상의 미적 충동이 없는 것일 수가 있다. 그래서 지난 세기까지도 다수 생산되던 세계 시문학사상 빛났던 이미지즘시는 속언으로 한물간 스타일이기는 하나, 시를 반짝반짝 빛나는 영상(심상)체로 현현케 하는 바는 지금도 여전히 시인들에게 선호되는 방법이기도 하다. 이와 같은 성공한 이미지즘시가 탁월성을 담지하는 바는 신영철 예시의 후말련 바다가 삼켰던 뭉게구름이 백사장에 하얗게 토해 놓는다는 그 파도의 하얀 물거품 이미지이다. 사족으로 한마디 더 하자면 이와 같이 아름답던 과거의 이미지즘 시가 전통사상이나 역사의식을 도외시했다는 사실(Fact)이

문학사적으로 이미지즘시의 약점으로 지적돼 온다 하겠다. 어쨌든 신영철 시인의 이미지즘 솜씨는 그의 리리시즘시 구현에 무시할 수 없는 기법 중 하나로 기여해 동력화되고 있는 바는 이 시집 텍스트군 도처에서 발현되고 있다. 신영철 시에서의 서정적 이미지는 시심(詩心)의 탁월성을 현현하는 것임을 간과할 수 없다 하겠다.

권력 싸움으로 죽은 고깃덩이를
여우가 삼키려다 토해놓은 것을
사자와 호랑이가 찢어놓고 으르렁대는데
토끼가 통째로 먹겠다고 왔다 갔다 발버둥 쳐 봤자
어림도 없는 소리
야욕 많은 살쾡이 한 마리가
과대망상 착각으로 삼키려다
수백만 명의 동족이 처절한 죽음으로 죽어간
6 · 25 동란이 휴전으로 멈추고
전쟁 폐허가 남긴 굶주린 벽지 마을로
남아 있던 연합군들이 사냥을 다니며
거름 더미 위에 건빵을 뿌려놓고
그걸 하나라도 더 주워 먹으려고
우르르 덤벼드는 아이들 동영상을 찍어다가
자기네 나라에 가서
구경거리로 보던 사람들이 보내준
구호물자 씨레이션 박스에 들어 있던
납작한 캔 속에 조청같이 들어 있던
쓰디쓴 음식이 무엇인지 몰라 버리던 커피

기적 같은 세상이 돌아와
커피를 즐기는 문화인이 되어
밤이고 낮이고 커피 안 먹고 못 사는 나라
그네들의 나라처럼 닮아가고 있다

―「씨레이션 박스」 전문

여기에는 시인의 리리시즘 이미저리가 전무(全無)하다시피 시의 텍스처가 서사적이다. 그럼에도 이 시가 설득력을 지니는 것은 그 인텐션(Intention―내연(內連)의 암시적 기능) 작용의 탁월이 내재되어 있어서이다. 부연하면, 시인은 6 · 25 전쟁 때 외국군이 들여온 씨레이션으로 암시되는 원조물자에 동족들이 모멸당했고, 피아간의 군대가 살육을 일삼은 폐허에서 아이들이 구걸해 아픈 민족적 자존심으로 상했던 그 참담한 역사의식의 상처를 씨레이션 박스 속 커피로 암시하고 있다. 그리고 그 아픈 민족적 상처는 이제 그들 외인부대 나라의 포스트모던한 문화 폐해도 불러온 역사의 아이러니임을 시인은 결연하게 토로해주고 있는 것이다. 이와 같은 시인의 리리시즘시의 역사의식 포에지는 그의 시가 단순한 이미지즘시(Physical poetry)를 극복한 매우 고무적인 시인의 변신인 것이다. 특히 다음과 같은 장시풍의 리리시즘시로의 진화는 이 작품과 더불어 신영철 시의 많은 발전된 모습을 예감케 하는 경사할 만한 징후임을 볼 수 있다.

이성을 소유하려다
소유당하고 살았다
간섭하려다
간섭당하고 살았다
나는 반평생을 남의 세상에서
내 존재 없는
남의 시간 속에 묶여
그게 사랑인 줄 알고 살았다

믿고 살다가
속고 산 어리석은 바보가 되었다
딴 사람들은 다 아는데
나만 모르는 노련한 선수였다

우울증과 의처증이 죽음으로 역습해 왔다
견딜 수가 없어 죽고 싶었다
날마다 24시간 동안
딴생각을 할 수도
잠을 잘 수도 없었다
인간 노무현이가 죽기 전에 한 말
아무것도 할 수가 없다는 마음 같았다

사람들은 병에 걸려서만 죽는 게 아니고
어떤 괴로움이 극치와 절정의 한계에 도달하면
참을 수 없는 자살 병에 걸려 죽는가 보다

내 것을 소유하고 간섭하려던 욕망 때문에

창피하고 부끄러워 살 수가 없었다
그래서 홀딱 벗었다
홀딱 벗고 5년을
비우고 버리는 연습으로
이를 깨물고 버티며 살다 보니
부끄럽지도 창피하지도 않는
한집에서 따로 사는
숙달된 바보쟁이가 되었다

아~
이제 내 것이 아니다
그러니까 버리자
지우고 버리는 데 5년이 걸렸다

이제는 오늘이 내 세상이고
내일이 내 시간으로 남아 있다
그것이 외로움이든 고독이든…

그것은 결혼 합방으로 자기 존재 없는
압박과 설움에서 해방된 자유이다
이기적인 자존심에서
해방된 해방둥이다

나는 내 평생
제일 잘못한 게 결혼이고
제일 잘한 게 여자를 마음속에서 버린 일이다
나는 여자를 믿지 않는다

여자란 마음속에서만 아름다운 존재다
소유하려고 하면 불행해질 수도 있다

꽁꽁 얼어붙었던 겨울이 가고
봄이 오는데
내 가슴에는 무슨 꽃이 피려나

모진 시련 참아 내는데
대화할 사람이 없어서
쓸 줄 모르는 시와 같이 살다 보니
봄이 오고 꽃은 피었다
시인이란 이름의 꽃

나는 여자를 버리고 시와 결혼해서
부부처럼 사랑하며 같이 산다

모진 시련으로 늙은
시와 같이 사는 노후가
외로움과 고독쯤이야
방 한쪽에 그냥 모셔두고
그런대로 심신이 안녕해서
고맙고 행복하다

사랑은
가문 날에 비처럼 그립지만…

—「소유당하고 살았다」 전문

예시는 시인이 마침내 리리시즘시 쓰기로써 자기 구원을 얻은 환희의 송가다. 그것은 소년 시절 머슴살이로 상처받은 트라우마를 벗어내기 위해 발버둥치듯 우울증과 의처증이 인간 노무현의 자살처럼 밀려오기도 했으나 그는 마음속으로만 여자를 안는 옵티미스트, 여자를 사랑하지 않는 자가 되었다. 그 대신 시인(詩人)이라는 반열에 올랐다. 그리하여 마음속에서만 아름다운 존재, 믿지 못할 건 여자라는 독선에 빠져 살게 된 생(生)의 후반기에 이르렀다는 것이다. 이렇게 인생을 취사선택하는 삶이 과연 옳은가 회의하는 시인의 마음에 "사랑은/ 가문 날에 비처럼 그립지만…"이라는 단서가 그의 후반기 삶을 떠나지 않는다고 예시는 장시풍 호흡의 세련된 구성과 언어의 직조에 실어서 참으로 괜찮은 수월성(秀越性)의 기념비적 작품을 제작해 놓고 있다 하겠다. 이와 같은 신영철 시인의 자기 동일성(Identity, 자아정체성) 찾기는 칠십 평생에 걸친 긴 정서적 여정과 병마(우울증과 자살충동)와의 의식적 투혼을 불살러 획득한 시창작 작업의 창조적 역량으로써의 샴페인 축제(자기 삶의 자축)로 꽃피었다. 그리하여 이 제2시집의 꽃다운 화사집 상재에 이르렀으니 "가문 날에 비처럼 그립지만" 자신을 잘 어거(馭去)해가는 시의 언어와 리리시즘시의 아름다운 포에지와 같이 시인은 밤하늘 저 빛나는 별처럼 우주 속 한 곳 분명한 시인 반열에 자랑스럽게 승화된 존재의 집으로 우뚝 서게 된 것이다. 그는 다

음과 같은 아름답고 아정(雅正)한 가락의 서정시인이기 때문이다.

설레는 부푼 가슴
동백꽃 빨간 꽃 몽우리는

사랑을 꿈꾸는
사춘기 아가씨
봉긋해지는 젖 꽃 몽우리

내 사춘기 시절
몰래몰래 짝사랑하던
이웃집 아가씨
몰래몰래 커져가는 젖 꽃 몽우리

—「동백꽃 몽우리」 전문

이 얼마나 아름다운 시인의 정서인가. 한 편의 이 같은 서정시는 시인의 삶을 추동하는 아름다운 삶의 도약을 실현시켜주는 추동력이 된다. 바로 '자아'와 세계, '나'라는 주체와 객체와의 관계를 조화시켜주는 동일성(Identity)의 세계 창출이 바로 그러한 것이다.

신영철 시의 이러한 리리시즘시 자아 동일성 확립의 세계는 예시를 비롯한 이 시집 대부분 서정시에 꽃피운 사화(詞花)로써 화려하고도 조신한 풍모로 만개해 있어 독자들 가슴에 아릿한 여운과 시향 복욱한 울

림으로 전파돼 온다 하겠다. 특히 소년 시절 삶의 트라우마를 극복하고 늠름한 시인의 반열에 우뚝 서는 이와 같은 제2시집 상재에 누구보다도 먼저 경하지사를 풍심스럽게 적시하는 기쁨을 만천하의 독자 제현과 더불어 만끽하는 바이다.

2016. 9.
서울 삼개나루 수당헌(樹堂軒)에서
석란사(石蘭史) 씀.

문학세계대표작가선 787

내 안의 나를 찾아

신영철 제2시집

인쇄 1판 1쇄 2016년 9월 30일
발행 1판 1쇄 2016년 10월 7일

지 은 이 : 신영철
펴 낸 이 : 김천우
펴 낸 곳 : 도서출판 천우
등 록 : 1992. 2. 15. 제1-1307호
주 소 : 서울시 성동구 무학봉28길 6 금용빌딩 2F
전 화 : 02)2298-7661
팩 스 : 02)2298-7665
http://www.moonhaknet.com
E-mail : chunwo@hanmail.net

값 9,000원

ISBN 978-89-7954-645-3

이 도서의 국립중앙도서관 출판예정도서목록(CIP)은 서지정보유통지원시스템 홈페이지(http://seoji.nl.go.kr)와 국가자료공동목록시스템(http://www.nl.go.kr/kolisnet)에서 이용하실 수 있습니다. (CIP제어번호: CIP2016023323)

■ 제13회 〈문학세계문학상〉 시상식

2016년 7월 2일

▲ 가람 이병기 시인 시비 앞에서
(좌로부터 윤제철 시인, 정재출 시인, 필자, 최병영 시인)

▲ 좌로부터 최병영 시인, 윤제철 시인, 필자, 정재출 시인, 이원구 시인, 최정호 시인

2016년 5월 4일~ 5월 5일

▲ 김용택 시인의 생가 방문

▲ 섬진강 김용택 시인 문학관에서 대담

▲ 최명희 혼불문학관에서

▲ 소설 『혼불』에 등장하는 ‘서도역’ 철길에서

2016년 5월 4일~ 5월 5일

▲ 최명희 혼불문학관에서

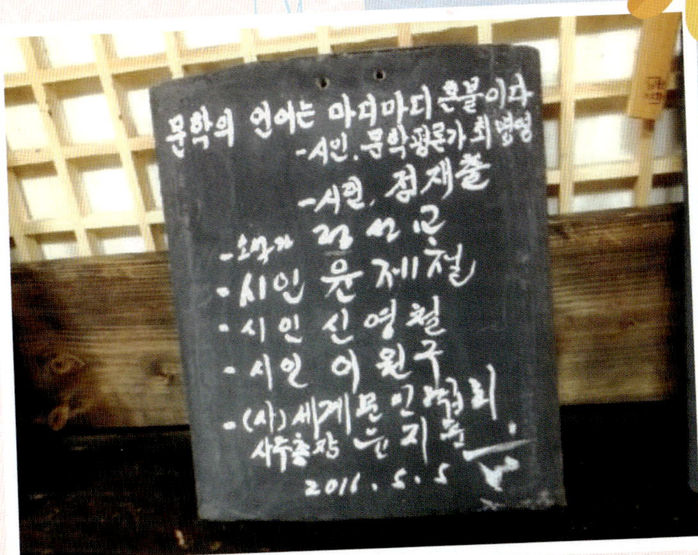

▲ 최명희 혼불문학관에서

남도문학기행

2016년 5월 4일~ 5월 5일

▲ 옥정호수에서

▲ 윤예주 시인 전원주택에서
(좌로부터 최병영 시인, 정재출 시인, 필자, 윤예주 시인 부부
정선교 소설가, 윤제철 시인, 이원구 시인)